Dein Kreativer GARTEN

HOCHBEET, TEICH, PALETTENTISCH

Dein Kreativer GARTEN

PROJEKTE ZUM SELBERMACHEN FÜR GARTEN & BALKON

EMF

EIN BUCH DER
EDITION MICHAEL FISCHER

INHALT

81

67

83

H.W. VAN SAASE '90

Lieber Selbermacher,
viele gute Gründe sprechen für das Selbermachen. Es spart Ressourcen, manchmal auch Geld, es macht Spaß und du lernst viel dazu. Zudem wohnt den Dingen, die du mit viel Herzblut und deinen eigenen Händen erschaffen hast, ein besonderer Zauber inne. Ein tolles Gefühl, das du in keinem Geschäft kaufen kannst.

Inspiriert von diesem Buch, schaffst du Unikate, bist nicht Konsument, sondern Künstler. Dein Klavier ist die Kreissäge, die Werkbank deine Staffelei. Und so baust du dir deine Welt, wie sie dir gefällt!

Dieses Buch richtet sich an alle, die mit viel Fantasie tolle Ideen für draußen umsetzen wollen, die Möbel nicht nur mit einem Inbusschlüssel zusammenbauen möchten und für die Norråker nichts weiter ist als ein winziger Ort in Schweden. Dieses Buch richtet sich an dich.

Also krempel die Ärmel hoch, entfessle deine Kreativität und überrasche dich selbst. Alles ist möglich, du musst es nur (selber) machen!

Viel Spaß wünschen dir
die Stadtgärtner

1

2

3A

3B

GARTENREGAL AUS ZWIEBELSIEB

Gartenschere, Handschuhe, Schaufel, Pikierstab – wäre doch traumhaft, wenn man die ganzen Dinge, die man im Garten ständig braucht, immer griffbereit hätte, oder? Mit deinem neuen Gartenregal geht dieser Traum für dich bald in Erfüllung.

MATERIAL

- *Tulpen-Zwiebelsieb*
- *8 Schrauben*
- *2 Ösen oder Haken (optional)*

WERKZEUG

- *Bleistift, Geodreieck/Winkel*
- *Säge*
- *Bohrmaschine*
- *Schraubenzieher*

Du kannst die Schrauben auch ohne Vorbohren durch das Holz drehen, aber die Gefahr, dass es dir zersplittert, ist bei den alten Sieben ziemlich hoch. Vor allem, weil sich die Löcher so nah am Rand des Dreiecks befinden.

SO GEHT'S

1. GEOMETRIE

Zeichne auf einer der langen Seiten des Zwiebelsiebs einen Punkt ein, der etwa 25 cm vom Rand entfernt liegt. Der Punkt ist an der unteren Kante der Seitenwand, also dort, wo das Sieb angebracht ist. Von diesem Punkt aus zeichnest du zwei Linien, die jeweils im 45-Grad-Winkel bis hin zum oberen Rand der Seitenwand gehen. Somit hast du ein Dreieck an die Seitenwand gezeichnet. Wiederhole dasselbe an der gegenüberliegenden Seite.

2. KAPUTT SÄGEN

Jetzt sägst du an den angezeichneten Linien entlang und erhältst so zwei Dreiecke aus Holz. Bohre in die beiden Ecken dieser Dreiecke je ein Loch. In die rechtwinklige Spitze bohrst du zwei Löcher, wie auf Bild 2.

3. WIEDER ZUSAMMENBAUEN

Klappe jetzt das Sieb an der Schnittstelle nach oben (Bild 3A). Wenn du genau gemessen hast, sollten die beiden Siebhälften im rechten Winkel aneinanderstoßen. Danach fixierst du diese Position, indem du die beiden Holzdreiecke innen mit dem Sieb verschraubst (Bild 3B). Zur Aufhängung kannst du jetzt noch zwei Ösen oder Haken oben auf dein neues Regal drehen.

Wenn du keine 3 gleichen Kisten hast, wird die Sache etwas schwieriger. Um Holzkisten derselben Sorte zu bekommen, frag doch mal auf dem Markt beim Obsthändler nach. Der rückt sie bestimmt für ein paar Euro raus.

GRILL-BEISTELLTISCH AUS HOLZKISTEN

Kein Sommer ohne Grillabend mit Freunden. Doch wohin mit all den Salaten, Brot, Soßen und vor allem dem Biernachschub? Wie praktisch, dass du einen rollbaren Beistelltisch parat hast. Hast du nicht? Dann schnell an die Arbeit!

MATERIAL

- *3 Holzkisten*
- *Schrauben*
- *14 Winkel*
- *Haken*
- *Holzleim (optional)*
- *4 Rollen*

WERKZEUG

- *Stichsäge mit Metallsägeblatt*
- *Schraubenzieher*

SO GEHT'S

1. GREIF ZUR SÄGE

Als Erstes entfernst du bei jeder Kiste die oberen drei Bretter von jeweils einer der Längsseiten, sodass hier nur das unterste Brett stehenbleibt. Wenn das erledigt ist, nimmst du dir eine der drei Kisten und sägst bei dieser zusätzlich noch die oberste Latte an beiden kurzen Seiten der Kiste ab. Bei dieser Kiste kürzt du außerdem zwei der Eckpfosten. Und zwar die, die an der Längsseite mit den abgesägten Latten sind. Schneide sie oben so ab, dass sie mit den verbleibenden Brettern der kurzen Seiten oben abschließen. Diese Kiste wird später oben sein.

2. VERWINKELUNG

Nimm eine der beiden unteren Kisten und schraube an jeden der vier Eckpfosten innen je einen Winkel an, sodass die obere Fläche des Winkels eben mit den Eckpfosten abschließt. Jetzt kannst du die andere Kiste einfach draufsetzen und die Winkel dort mit den Bodenbrettern verschrauben. Auf dieselbe Weise schraubst du auch die oberste Kiste auf den entstandenen Kistenturm.

Für alle Fixierungen per Schraube gilt, dass du die Hölzer vor dem Verschrauben zuerst verleimen kannst. Das bringt zusätzlich Stabilität.

3. REGALE

Zwei der übrig gebliebenen Latten aus dem ersten Schritt kürzt du mit der Säge nun so, dass sie so lang sind wie die Kiste tief. Anschließend bringst du sie mit jeweils zwei Winkeln an der Außenseite der obersten Kiste an. Dadurch erhält dein Grill-Beistelltisch links und rechts zwei zusätzliche Regale.

4. JETZT WIRD'S SCHRÄG

Als Nächstes schrägst du eines der jetzt noch übrigen, abgesägten Bretter an seinen Enden so an, dass es bündig zwischen die beiden Kanthölzer auf der hinteren Seite in die oberste Kiste passt. Mit je einem Winkel links und rechts und Schrauben bringst du es an.

5. DIE LETZTEN HANDGRIFFE

An das Brett, das zwischen den Kanthölzern angebracht ist, schraubst du nun noch eine der übrigen Latten, die die volle Länge haben. Einfach mit den Holzkanten der obersten Kiste verschrauben. Im Prinzip dürfte es auch genügen, wenn du starke Nägel verwendest. Als Letztes drehst du noch die Haken unten in die beiden Regale an der Außenwand und schraubst die vier Rollen an der Unterseite fest.

ROUGE
COCOS
GRILL

Ob du Estrich oder Beton verwendest, bleibt dir überlassen. Wichtig ist in jedem Fall, dass du die Trittsteine nicht in der prallen Sonne trocknest, weil sie sonst Risse bekommen könnten. Außerdem empfehlen wir dir, die Masse beim Trocknen immer mal wieder zu bewässern. Klingt kontraproduktiv, sorgt aber dafür, dass die Steine umso härter werden.

TRITTSTEINE IM BLATT-LOOK

Der Weg ist das Ziel. Was häufig nur ein wenig hilfreicher Spruch ist, ist bei diesem Projekt tatsächlich der Fall. Denn am Ende wird er vor dir liegen: dein Weg. Gepflastert mit selbst gemachten Trittsteinen aus Beton in der Form eines Blatts.

MATERIAL

- *Pappe*
- *große Blätter (z. B. von Rhabarber- oder Funkiensträuchern oder vom Blauglockenbaum)*
- *Rapsöl*
- *Plastikhandschuhe*
- *Beton oder Estrich*
- *weiße Fassadenfarbe (optional)*

WERKZEUG

- *Pinsel*
- *Eimer bzw. Maurerbütt*
- *Maurerkelle*

SO GEHT'S

1. VORBEREITUNG

Eines ist relativ sicher: Der Beton wird nicht nur auf den Blättern landen. Lege deine Arbeitsfläche also großzügig mit Pappe aus. Auf diese legst du die Blätter mit der Unterseite nach oben, sodass die gemaserte Blattseite zu dir zeigt. Jetzt pinselst du das Blatt mit Öl ein, damit es sich später einfacher vom Beton löst.

2. BETONIEREN

Nun heißt es Handschuhe anziehen und Beton anrühren. Egal, ob du selbst anmischst oder Fertigzement verwendest: Achte darauf, dass die Masse nicht zu flüssig wird. Wenn du mit der Konsistenz zufrieden bist, schnapp dir die Kelle und trage den Beton etwa 4 cm dick auf das Blatt auf. Er sollte nicht über den Blattrand hinausquellen, lass daher am besten 1 cm Abstand zum Rand. Wenn du den Boden nicht glatt hinbekommst, kein Problem. Das kannst du später mit Sand ausgleichen, wenn du die Trittsteine in deinen Garten einsetzt. Lass den Beton jetzt trocknen.

3. TADA, SCHON FERTIG!

Ist der Beton vollständig durchgetrocknet, kannst du die Steine umdrehen und das Blatt vom Beton lösen. Manchmal muss man ein wenig knibbeln, um alle Blattreste aus dem Beton zu lösen. Optional kannst du den Steinen noch einen „used look" verpassen. Dazu mit einem Pinsel ganz wenig weiße Fassadenfarbe auf dem Blatt verteilen. Fertig! Jetzt kannst du die Steine im Garten verbauen.

1

2

Wir zeigen dir nicht nur, wie du den Tisch hübsch verzierst, sondern auch pflegeleicht machst.

GARTENTISCH MIT MOSAIK

Mosaik wurde bereits im Altertum gefertigt, und wenn sich ein Hobby über Jahrhunderte so hartnäckig hält, liegt die Vermutung nah, dass das ein großer Spaß ist. Um das mit dem Nützlichen zu verbinden, machen wir einen Gartentisch daraus.

MATERIAL

- *alter Tisch*
- *240er-Schleifpapier*
- *Holzfarbe (optional)*
- *Waschbenzin*
- *lösemittelfreier Tiefgrund*
- *verschiedenfarbige Fliesen, Fliesenreste oder Mosaiksteine*
- *Montagekleber (für Holz und Stein)*
- *flexibler Fugenmörtel*
- *Schwamm, weicher Baumwolllappen*
- *Holz-Abschlussleisten (optional)*
- *Pattex Montage All Material (optional)*
- *Silikon*

WERKZEUG

- *Farbrolle*
- *Bleistift, Pinsel*
- *Kneif- bzw. Fliesenzange*
- *Silikonspritze*
- *Fugbrett*
- *alte Lappen*

SO GEHT'S

1. AUFARBEITUNG

Wenn du eine Rundumerneuerung wünschst oder dein alter Tisch anders nicht mehr zu retten ist, musst du ihn zunächst mit 240er-Schleifpapier abschleifen und ihm mit der Holzfarbe zu neuer Frische verhelfen.

2. PLATTENPRÄPARATION

Bevor du dein Mosaik aufbringen kannst, muss in jedem Fall die alte Oberfläche des Tischs mit dem feinen Schleifpapier gründlich angeschliffen werden, damit Tiefgrund und Fliesenkleber vernünftig haften können. Diesen Arbeitsschritt kannst du manuell oder mithilfe einer Schleifmaschine erledigen. Achte in jedem Fall darauf, gleichmäßig zu arbeiten.

3. STAUBFREI & SCHMUTZBEHANDELT

Nach dem Schleifen musst du deinen Tisch sorgfältig reinigen. Er muss unbedingt trocken, staub-, schmutz- und fettfrei sein. Waschbenzin eignet sich zu diesem Zweck besonders gut. Damit dein Tisch durch die Feuchtigkeit des Fliesenklebers nicht aufquillt, solltest du deine Tischplatte mithilfe einer Farbrolle sorgfältig mit lösemittelfreiem Tiefgrund bestreichen und über Nacht trocknen lassen.

4. ZEICHNEN

Skizziere nun mit dem Bleistift das gewünschte Motiv auf die Tischplatte.

5. PUZZELN

Mit der Kneif- oder Fliesenzange zwickst du nun Einzelteile aus deinen Fliesen zurecht oder suchst dir die passenden Mosaiksteine aus (Bild 5A). Greife dann zur Silikonspritze und setze dein Bild Stück für Stück zusammen, indem du auf jedes einzelne Mosaik-Bruchstück Montagekleber aufträgst und direkt auf die Platte klebst (Bild 5B). Zwischen den Fliesenteilchen solltest du einen Abstand von 2–5 mm einhalten.

6. VERFUGEN

Nach 2–3 Stunden Trocknungszeit kannst du mithilfe deines Fugbretts diagonal den flexiblen Fugenmörtel auftragen, bis alle Fugen komplett gefüllt sind. Den überschüssigen Fugenmörtel ziehst du ab. Nach weiteren 15 Minuten benutzt du einen Schwamm zum Glätten der Fugen und zum Abwaschen des restlichen Mörtels. Den letzten Mörtelschleier kannst du mit einem Baumwolltuch wegpolieren.

7. SAUBERER ABSCHLUSS

Abschlussleisten geben deinem Tisch eine saubere Kante. Beim Material hast du die Wahl zwischen Holz, Metall und Kunststoff. Damit kein Wasser unter die Leisten dringen kann, empfiehlt es sich, die Zwischenräume mit Silikon auszuspritzen.

2

3A

3B

PFLANZTASCHEN FÜR DEN BALKON

Klassische Blumenkästen baumeln wahrscheinlich an 90 Prozent der Balkone. Da fragt man sich oft „Geht das vielleicht auch in schön?“. Klar, geht das. Du brauchst nur einen hübschen Outdoor-Stoff, eine Nähmaschine und ein Stündchen Zeit. Bereit?

MATERIAL

- *Outdoor-Stoff, 30 x 140 cm*
- *Wachstuch bzw. beschichteter Baumwollstoff, 30 x 140 cm*
- *Spitze oder Band, 120 cm*

WERKZEUG

- *Schere*
- *Overlock-Maschine/ Nähmaschine*

SO GEHT'S

1. ZUSCHNEIDEN

Zum Zuschneiden faltest du den Outdoor-Stoff mittig und schneidest ihn am Bruch durch, sodass sich zwei Stücke von je 30 x 70 cm Größe ergeben. Das Wachstuch halbierst du genauso. Daraus lassen sich jetzt recht einfach zwei ebenso hübsche wie praktische Balkontaschen nähen.

2. DAS NÄHEN BEGINNT

Nun legst du je ein Stück des Outdoor-Stoffs und des Wachstuchs rechts auf rechts aufeinander. Mit der Overlock-Maschine nähst du die beiden Stoffe an ihren langen Seiten zusammen – wenn du keine Overlock-Maschine zur Verfügung hast, dann kannst du auch einen einfachen Geradstich anwenden. Danach stülpst du das Nähstück auf rechts und legst es so vor dich hin, dass der Outdoor-Stoff oben liegt.

3. FEINARBEITEN

Die offenen Kanten der kurzen Seiten klappst du nun jeweils 2,5 cm zur Outdoor-Stoffseite um (Bild 3A), steckst eine Spitze oder ein Band an der gewünschten Stelle fest und steppst alles mit dem Geradstich ab. Anschließend faltest du die kurzen Seiten, Wachstuch auf Wachstuch, je etwa 16 cm zur Mitte (Bild 3B).

4. DAS GROSSE FINALE

Nun noch die eben eingeschlagenen Seiten zunähen, dann kannst du die Erde einfüllen. Während du so vor dich hin gewerkelt hast, sind dir fürs Bepflanzen der Taschen sicher auch schon tolle Ideen gekommen, oder? Wenn nicht, dann hier ein paar Tipps: Salbei, Rosmarin und andere Küchenkräuter sowie Elfen- bzw. Venusspiegel, Pelargonien, Veilchen oder Erdbeeren machen sich in Balkontaschen hervorragend.

BAUMSTAMM-GARTENLEUCHTE

Durch diese naturbelassene Beleuchtung setzt du deinen Garten oder Balkon gekonnt in Szene. Zugegeben, dieses DIY-Projekt ist nichts für Zartbesaitete, aber mit Geduld und ordentlich Spucke wird es auch bei dir Licht!

MATERIAL

- *Baumstamm (astfrei/ Ø 25–35 cm)*
- *Lichtschlauch für draußen, warmweiß*
- *Schutzkapsel für Stromstecker*

WERKZEUG

- *Nagel*
- *Stück Schnur und Bleistift*
- *Bohrmaschine mit 35 mm „3-D-Bohrer“ (alternativ: Motorsäge und Fräse bzw. Lochsäge und Stechbeitel)*
- *Stich- oder Japansäge*
- *Schraubzwinge*

SO GEHT'S

1. BAUMSTAMM ANZEICHNEN

Zuerst legst du den auszuhöhlenden Bereich fest. Dazu setzt du den Nagel in der Mitte des Baumstamms an und schlägst ihn leicht ein. Nimm nun die Schnur zur Hand und befestige das eine Ende an dem Bleistift und das andere an dem Nagel im Baumstamm. Ziehe einen Kreis und halte dabei einen Abstand vom Rand des Baumstamms von mindestens 2 cm ein. Alles innerhalb des Kreises musst du im nächsten Schritt entfernen.

2. AUSHÖHLEN

Einen Baumstamm auszuhöhlen ist nicht ganz einfach und es gibt keinen „Königsweg“. Wir haben verschiedene Möglichkeiten getestet und drei Wege gefunden. Jeder hat jedoch seine Vor- und Nachteile.

Per Motorsäge: Die schnellste Methode, einen Baumstamm auszuhöhlen, ist mithilfe einer Kettensäge. Hierzu treibst du das Schwert der Kettensäge mit der Spitze voran in den Baumstamm. Wiederhole diesen Vorgang so oft, bis ein „Schachbrettmuster“ entsteht. Nun kannst du das Holz mit einer Fräse entfernen. Diese Art der Bearbeitung ist jedoch nicht ungefährlich und sollte nur von fachkundigen Personen unter Einhaltung aller Sicherheitsmaßnahmen erfolgen!

Per Lochsäge: Bei dieser Methode sägst du mit dem Lochsägeaufsatz für deine Bohrmaschine möglichst viele Kreise in die auszuhöhlende Fläche. Sieht der Baumstamm aus wie ein Schweizer Käse, machst du dich daran, das Holz mit einem Stechbeitel zu entfernen. Auf diese Weise arbeitest du dich Schicht für Schicht nach unten vor. Der große Vorteil dieser Methode ist, dass sie vergleichsweise einfach und ungefährlich ist. Es ist aber auch die mühsamste Methode.

Per „3-D-Bohrer" (unser Tipp, siehe auch Bild 2): Ein 3-D-Bohrer ist für etwa 15 Euro zu haben und erleichtert die Arbeit enorm. Mit dem Bohrer treibst du Loch an Loch in den Baumstamm. Mit dem Bohrer die restlichen Überstände durch Kippbewegungen der Bohrmaschine herausfräsen. Geht schnell, ist ungefährlich und mit wenig Kraftaufwand möglich.

3. LICHTSCHACHT

Ist der Baumstamm ausgehöhlt, werden die Lichtschlitze in den Stamm gesägt. Hier ist Fantasie gefragt. Es sind sowohl gerade als auch kurvige Formen möglich. Einschnitte kannst du von oben und unten machen. Je nachdem, ob die Lampe mehr oder weniger Licht verbreiten soll, kannst du viele oder wenige Einschnitte machen. Dazu den Baumstamm mit einer Schraubzwinge am Tisch oder an der Werkbank befestigen und mit der Stich- bzw. Japansäge die Einschnitte vornehmen. Den Baumstamm musst du dazu Stück für Stück weiterdrehen. Also sägen, Schraubzwinge lösen, Stamm leicht drehen, Schraubzwinge anziehen und wieder sägen usw.

4. LICHTERKETTE

Sind die Einschnitte gemacht, wird die Lichterkette im Baumstamm platziert. Dazu wickelst du deine Lichterkette auf und steckst sie von unten in den ausgehöhlten Stamm. Wichtig ist, dass es sich um eine wetterfeste Lichterkette für den Außenbereich handelt, da es sonst durch Feuchtigkeit und Wettereinflüsse über kurz oder lang zu einem Kurzschluss kommen würde.

5. ACHTUNG!

Wird ein Verlängerungskabel zwischen dem Stecker der Lichterkette und der Steckdose eingesetzt, bitte die Steckerverbindung durch eine Stecker-Sicherheitsbox vor Wettereinflüssen schützen.

> *Wer seinen Baumstamm vor Wettereinflüssen schützen möchte, kann den Stamm zusätzlich mit einem Holzschutzmittel versiegeln.*

BAUMSTAMM-HOCKER „GLOW IN THE DARK“

Magische Nächte bescheren dir diese Baumstamm-Hocker, wenn sie nachts leuchten. Mit wenig Aufwand erhalten Garten, Balkon und Terrasse ein stimmungsvolles Ambiente und versetzen deine Freunde beim nächsten Grillabend garantiert ins Staunen.

MATERIAL

- *Baumstamm*
- *Schleifpapier*
- *phosphoreszierende Farbe (Nachtleuchtfarbe)*
- *reine Leuchtpigmente*

WERKZEUG

- *Motorsäge*
- *Pinsel*

Abgesehen von den Gelb- und Grüntönen, ist die Leuchtkraft der Nachtleuchtfarben oftmals relativ schlecht. Verstärke die Farben deshalb ein klein wenig mit reinen Leuchtpigmenten (erhältlich in Gelb/Blau).

SO GEHT'S

1. SÄGEN

Zersäge den Baumstamm in etwa 45 cm lange Stücke, deine Hocker. Für Kinder oder NBA-Profis kannst du natürlich auch kleinere bzw. größere Hocker machen.

2. SCHLEIFEREI

Schleife dann die spätere Sitzfläche deines Baumstamms gut ab. Die Oberfläche muss trocken, staub- und fettfrei sein.

3. LEUCHTENDE FARBEN

Nun trägst du mit einem Pinsel die Nachtleuchtfarbe auf den Stamm auf und arbeitest zusätzlich die empfohlenen reinen Leuchtpigmente ein.

4. GEDULD

Zum Schluss musst du die Farbe nur noch trocknen lassen. Fertig ist der Hocker, den man auf jeder nächtlichen Gartenparty gut findet.

Am Holz sollte sich kein Sand oder Erde befinden, da sonst das Sägeblatt stumpf wird.

TIC TAC TOE IM FREIEN

Gib bei Google einmal „tic tac toe“ in die Suche ein. Na, überrascht? Mehr Spaß macht „Drei gewinnt“ aber natürlich mit Freunden im Garten. Wie du dafür das passende Spielbrett baust, erfährst du hier.

MATERIAL

- *ein Stück Baumstamm*
- *Klarlack*
- *10 Kieselsteine*
- *Acrylfarben*

WERKZEUG

- *Axt*
- *2 Kanthölzer*
- *(Motor-)Säge*
- *Schleifpapier*
- *Tuch, Bleistift, Geodreieck, Pinsel*
- *Lötkolben*

> *Ahorn, Birke und Buche sind nicht besonders resistent gegen äußere Einflüsse. Das macht aber nichts, wenn du später die beiden Schnittflächen mit einer Lasur behandelst. Eiche und Robinie dagegen bleiben auch unbehandelt dauerhaft schön.*

SO GEHT'S

1. BAUMSTAMM VORBEREITEN

Im ersten Schritt stellst du den Baumstamm auf den Boden und befreist ihn mit einer Axt von Rinde und Bast – das sind die beiden Holzelemente, die leicht Wasser speichern und somit für Pilze und Schimmel besonders interessant sind. Wenn du keine Axt zur Hand hast, kannst du alternativ auch einen Spaten oder ein Beil verwenden.

2. EINE SCHEIBE ABSCHNEIDEN

Klemme den Stamm zwischen zwei Kanthölzer, damit er beim Sägen nicht wegrollt. Bei einer Motorsäge gilt: Keinen Druck ausüben, die Säge arbeitet für dich. Und immer Schnittschutz tragen! Beim Sägen mit der Hand brauchst du diesen nicht, aber dafür einen langen Atem. Die Scheibe, die du aus dem Stamm heraussägst, dein Spielbrett, sollte 2–5 cm dick sein.

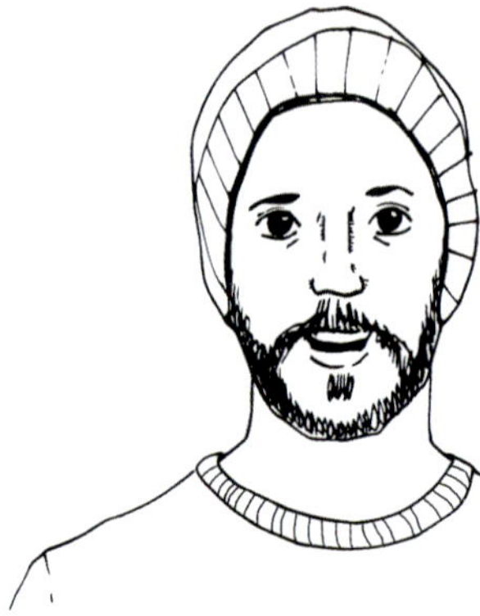

Mit einem Lötkolben kann man nicht malen wie mit einem Stift. Linien werden eher Punkt für Punkt eingebrannt. Das macht das Ganze zwar mühsam und zeitaufwendig, sieht am Ende aber umso besser aus.

3. SCHLEIFEN, SCHLEIFEN, SCHLEIFEN

Damit sich dein Spielbrett gut anfühlt und sich niemand daran verletzt, ist jetzt Schleifen angesagt. Beide Seiten und den Rand musst du ausgiebig abschleifen. Die Ränder kannst du dabei leicht abrunden, dann fasst sich das Brett noch besser an. Danach das Brett mit einem Tuch von Spänen und Staub befreien.

4. SPIELFELD EINBRENNEN

Jetzt kannst du mit einem Bleistift und einem Geodreieck den Spielplan einzeichnen und danach mit dem Lötkolben einbrennen. Wenn du dir ein wenig Arbeit sparen willst, kannst du die Linien alternativ auch nur mit einem wasserfesten Filzstift nachziehen.

5. WETTERFEST MACHEN

Je nach Holzart musst du das Spielbrett jetzt noch einmal mit einer transparenten Lasur überziehen. Dazu kannst du Klarlack aus der Sprühdose oder eine Lasur zum Pinseln benutzen.

6. SPIELSTEINE ANMALEN

Nun brauchst du zehn etwa gleich große Kieselsteine. Sie sollten mindestens so groß wie eine Zwei-Euro-Münze und auf einer Seite möglichst flach sein. Befreie die Steine von Schmutz und bemale sie mit Acrylfarbe – Hauptsache, jeweils fünf sehen gleich aus. Wenn die Farbe getrocknet ist, musst du sie nur noch mit Klarlack versiegeln, und fertig.

NOCH EINE SCHEIBE ABSCHNEIDEN!

Du bist beim Sägen der Baumscheiben auf den Geschmack gekommen? Dann säge doch gleich noch eine zweite, mindestens 5 cm dicke Scheibe ab. Bohre in die Mitte ein Loch und schleife und lasiere sie wie gehabt. Vor der Lasur kannst du die Baumscheibe noch bunt bemalen. Durch das Loch in der Mitte steckst du ein dickes Seil und machst anschließend einen Knoten, damit es nicht zurückrutschen kann. Das andere Ende knotest du an einen hohen stabilen Ast, möglichst weit vom Baumstamm entfernt. Fertig ist deine neue Schaukel!

Aber Achtung: Die Baumscheibe muss sehr stabil sein und darf keine durchgehenden Risse aufweisen. Am besten testest du das Spielgerät zunächst selbst, bevor du die Kleinen damit spielen lässt.

WOHIN MIT DEN KIESELN?

Du hast vom Tic-Tac-Toe-Basteln Steine und Farben übrig? Bestens, dann kannst du dir noch ein paar Beetmarkierungen machen. Nimm dazu beispielsweise einen runden Stein und male eine Tomate darauf. Oder du malst den Stein einfach rot an und schreibst „Tomate" darauf. Deiner Fantasie sind hier keine Grenzen gesetzt. Danach aber immer lasieren! Die bunten Pflanzmarker sehen super aus und bringen schon vor dem Frühling Farbe in den Garten.

2A

2B

3

FREILUFT-HÄNGEBETT AUS PALETTEN

Lust auf eine Nacht im Garten? Auf einer gemütlichen Matratze den Sternenhimmel betrachten? Unser Hängebett aus Paletten ist dafür ideal, vor allem weil es für genug Sicherheitsabstand zwischen dir und den kreuchenden Insekten im Gras sorgt.

MATERIAL

- *2 Paletten, 120 x 100 cm*
- *Matratze oder Schaumstoff, ca. 120 x 200 cm*
- *2 Kanthölzer, 2 m lang und mindestens 10 cm breit*
- *ca. 40 lange Schrauben*
- *2 Seile, ca. 6 m lang*

WERKZEUG

- *Schraubenzieher*

Paletten lassen sich hervorragend mit einem Hochdruckreiniger bzw. Schwamm und Wasser reinigen und haben danach einen Used-Look.

SO GEHT'S

1. MATERIAL BESORGEN

Am schwierigsten zu besorgen sind wohl die beiden Paletten. Im Baumarkt haben sie oft welche übrig und verscherbeln diese für eine Handvoll Euro. Wenn du zufällig noch eine alte Matratze zu Hause hast, wäre das auch schon erledigt. Die sollte allerdings nicht viel größer als die beiden Paletten (120 x 200 cm) sein. Alternativ kaufst du dir im Baumarkt Schaumstoff.

2. DIE BETTFLÄCHE

Lege die Paletten mit der breiten Seite aneinander, sodass sich eine Gesamtfläche von 120 x 200 cm ergibt. Danach schiebst du die beiden Holzbalken in die Palette wie die Zinken eines Gabelstaplers, ganz an die Außenränder. Sie sollten auf beiden Seiten bündig mit abschließen. Damit das Konstrukt auch wirklich stabil wird, verschraubst du die Balken nun mit den oberen Holzbrettern und den Seiten der Paletten – es darf wirklich nichts mehr wackeln.

3.CRASH-TEST

Jetzt wirfst du jeweils ein Seilende über einen starken Ast und knotest sie an den äußeren Ecken der Bettfläche fest. Als Knoten empfehle ich den doppelten Palstek. Einen Qualitäts- und Stabilitätscheck sollte dir das Hängebett wert sein, bevor die Sonne untergeht und du die Matratze mit Bettzeug bepackst.

Dank praktischer Transportrollen ist dieses Hochbeet voll flexibel!

ROLLBARES HOCHBEET AUS ZWIEBELSIEBEN

Manchmal ist es einfach Zeit für eine Veränderung und dein Hochbeet bereit für einen Umzug. Doch wie kriegst du das teuflisch schwere Ding auf die andere Seite deines Gartens? Genau, ein Hochbeet auf Rollen muss her!

MATERIAL

- *3 Tulpen-Zwiebelsiebe*
- *Schrauben*
- *4 Transportrollen*
- *Unkrautvlies, ca. 140 x 110 cm*

WERKZEUG

- *Nageleisen*
- *Schraubenzieher*
- *Kneifzange*
- *Akkubohrer*
- *Tacker, Schere*

„Wenn du die Nägel nicht gut herausziehen kannst, kannst du sie auch einfach mit einer Stichsäge durchsägen. Das geht schneller und spart einiges an Mühe. Du solltest allerdings ein Metallblatt aufgezogen haben."

SO GEHT'S

1. ZERLEGEN

Entferne bei zwei der Zwiebelsiebe den Gitterboden, indem du mit einem Nageleisen oder einem breiten Schlitzschraubenzieher die Köpfe der alten Nägel so weit herausziehst, dass du sie anschließend mit der Kneifzange vollends herausbekommst. Als Nächstes löst du von einer der Kisten noch alle vier seitlichen Holzplanken von den Pfosten ab.

2. WIEDERAUFBAU

Jetzt stapelst du das Sieb ohne Boden auf das intakte Zwiebelsieb. Die aufeinanderstehenden Pfosten verbindest du, indem du die der komplett zerlegten Kiste als Verbindungsstück innen an die beiden Pfosten schraubst. Als Letztes schraubst du die losen Bretter an die Außenwand, sodass sie den Raum zwischen denen der oberen und der unteren Kiste ausfüllen.

Gebrauchte Transportrollen aufzutreiben ist nicht besonders schwer. Vielleicht hast du ja noch einen alten Drehstuhl im Keller, den du seit Ewigkeiten nicht mehr nutzt?

3. JETZT WIRD GEBOHRT

Drehe dein Hochbeet nun auf den Kopf und bohre in alle vier Ecken ein Loch. Der Durchmesser der Löcher sollte gerade so groß sein, dass die Bolzen deiner Rollen hineinpassen. Wenn es sich um Rollen ohne solche Bolzen handelt, schraubst du diese einfach in den vier Ecken an.

4. FERTIGSTELLUNG DES HOCHBEETS

Jetzt kleidest du den Innenraum inklusive Boden komplett mit Unkrautvlies aus. Das Vlies tackerst du am oberen inneren Rand an die Seitenwände und schneidest den überstehenden Rest ab. Nun brauchst du nur noch Erde, Humus & Co. einzufüllen und kannst mit der Bepflanzung beginnen.

H. W. VAN SAASE '83
H.W. VAN SAASE '89
H.W. VAN SAASE '90

Verlege die Fliesen zunächst einmal „trocken" auf dem Tisch.

PFLANZTISCH MIT VINTAGE-FLIESEN

Damit Pflanzarbeiten Knie und Rücken nicht zu sehr belasten, schafft ein Pflanztisch Abhilfe. Versieht man ihn zusätzlich mit einer keramischen Oberfläche, lässt sich der Pflanztisch problemlos reinigen und wird zum attraktiven Hingucker.

MATERIAL

- *alte Kommode oder alter Tisch*
- *240er-Schleifpapier*
- *Holzlasur (optional)*
- *Waschbenzin*
- *lösemittelfreier Tiefgrund*
- *Vintage-Fliesen*
- *hochflexibler Fliesenkleber und Fugenmörtel*
- *Holz-Abschlussleisten, Pattex Montage All Materials (optional)*

WERKZEUG

- *Schleifmaschine oder Schleifklotz*
- *alte Lappen*
- *Pinsel (optional)*
- *Farbrolle*
- *Fliesenschneider (optional)*
- *Zahnkelle*
- *Fugbrett*
- *Schwamm*
- *Gehrungssäge (optional)*

SO GEHT'S

1. FRISCHE FARBEN

Der alte Tisch bzw. die Kommode wird zuerst gereinigt und gegebenenfalls neu gestrichen. Hierfür musst du ihn vorher mit feinem Schleifpapier abschmirgeln, ehe du mit einer Holzlasur bzw. einer Holzfarbe für einen neuen Anstrich sorgst.

2. FEINSCHLIFF

Vor dem Verkleben der Fliesen muss die alte Oberfläche des Tischs ebenfalls gründlich angeschliffen werden, damit Tiefgrund und Fliesenkleber vernünftig haften können. Hierfür schleifst du den Tisch manuell oder maschinell mit 240er-Schleifpapier (oder feiner) ab. Achte dabei auf einen gleichmäßigen Schliff. Wenn die Oberfläche deiner Kommode sehr uneben oder das Holz schon sehr porös ist, solltest du zuerst eine dünne Spanplatte oben aufkleben, um einen geeigneten Untergrund für die Fliesen zu haben.

> *Beim Anritzen kommt es auf den richtigen Druck an: Ist der Anpressdruck zu gering, ritzt die Oberfläche nicht ein, ist er zu hoch, bricht die Fliese unter Umständen durch. Also am besten langsam herantasten!*

3. REINIGUNG

Nach dem Schleifen muss die Tischplatte sorgfältig gereinigt werden. Dabei dürfen keine Rückstände von Feuchtigkeit, Schmutz, Fett oder Staub auf der Oberfläche zurückbleiben. Mit Waschbenzin und alten Lappen entfernst du auch die letzten Furnierreste.

4. TIEFGRÜNDIG

Vor dem Verkleben von Fliesen auf Holz solltest du einen Tiefgrund auftragen, der das Holz vor der Feuchtigkeit des Fliesenklebers schützt und zugleich eine bessere Haftung der Fliesen garantiert. Schnapp dir die Farbrolle, streiche den Tisch sorgfältig mit einem lösemittelfreien Tiefgrund ein und lass ihn über Nacht einziehen und trocknen.

5. TROCKENÜBUNG

Verlege die Fliesen zunächst einmal „trocken" auf dem Tisch. Gegebenenfalls musst du einzelne Fliesen zuschneiden. Dazu ritzt du sie mit dem Fliesenschneider an und brichst sie über einer Kante entzwei.

6. FLIESEN KLEBEN

Nun trägst du eine Schicht Fliesenkleber mit der Zahnkelle auf die Tischplatte auf (Bild 6A), legst die Fliesen in das Klebebett ein und drückst sie leicht an (Bild 6B). Achte auf gleichmäßige Abstände. Fliesenkreuze sind eine praktische Hilfe. Da der Kleber schnell aushärtet, solltest du nur so viel Fläche mit Kleber bestreichen, wie du auch zügig mit Fliesen belegen kannst. Anschließend muss der Tisch 24 Stunden trocknen.

7. VERFUGEN

Da Holz bei Temperaturschwankungen sich ausdehnt bzw. zusammenzieht, sollte der Fugenmörtel flexibel sein, wie z. B. der hochflexible Fugenmörtel von Ceresit®. Benutze das Fugbrett und streiche den Mörtel damit diagonal auf den Tisch auf. Wichtig: Jede Fuge muss komplett mit Mörtel ausgefüllt sein. Nachdem die Fugen gefüllt sind, entfernst du mit der Kelle so viel überschüssigen Mörtel wie möglich. Ist der Fugenmörtel matt und hell, ist er angetrocknet und kann mit einem Schwamm und wenig Wasser vorsichtig abgewaschen werden. Vor allem bei hellen Fliesen kann vom Mörtel ein leichter Grauschleier zurückbleiben. Diesem kannst du mit reinem Zitronensaft oder einer heißen Essig-Wasser-Mischung zu Leibe rücken.

8. ABSCHLUSSLEISTEN

Für saubere Kanten kannst du rund um den Tisch Abschlussleisten kleben. Diese können aus Holz, Metall oder Kunststoff sein. Um einen perfekten Eckenabschluss zu bekommen, müssen die Leisten zunächst auf Gehrung gesägt werden; bei einem viereckigen Tisch sind dies 45 Grad.

9. LETZTE KLEBUNG

Trage einen etwa 5 mm breiten Strang Pattex Montage All Materials in den Innenwinkel der Abschlussleisten auf und drücke die Leisten fest am Tisch an. Hervorquellenden Klebstoff solltest du dabei zügig mit einem Lappen abwischen.

1

2

3

PFLANZTREPPE AUS OBSTKISTE

Hast du eine leere Obstkiste übrig, von der du nicht weißt, was du damit anfangen sollst? Mit wenig Aufwand kannst du daraus eine wirklich hübsche Pflanztreppe herstellen, die deine Pflanzen auf Balkon und Terrasse ideal zur Geltung bringt.

MATERIAL

- *Obstkiste mit 3 Holzlatten, z. B. 50 x 40 x 30 cm*
- *Holzleim*
- *Nägel (optional)*

WERKZEUG

- *Stichsäge mit Metallsägeblatt*
- *Hammer und Keil (optional)*
- *Kneifzange*
- *Winkelmaß*

SO GEHT'S

1. ZERLEGUNG

Von der Holzkiste entfernst du am besten mit der Stichsäge, oder auch mit Hammer und Keil, die drei Bretter auf der einen sowie die unterste Latte auf der gegenüberliegenden Längsseite. Außerdem werden die beiden mittleren Bodenbretter benötigt, also auch die heraussägen. Die durchgesägten Klammern und Nägel ziehst du mit der Zange aus den Brettern heraus, damit niemand sich daran verletzt. Sie sind meistens ziemlich verrostet, verwende für dein Projekt also lieber neue Nägel.

2. JETZT WIRD GESÄGT

Drei der sechs entfernten Latten bleiben unverändert. Bei einer der Latten schrägst du die Ecken so ab, dass sie auf der Rückseite deiner Kiste zwischen die Eckpfosten passt und dort auf der Rückwand und den Seitenwänden aufliegt. Anschließend kürzt du zwei Bretter auf die Länge des Innenabstands zwischen den Seitenwänden.

3. TREPPENBAU

Beim Treppenbau gehen wir von hinten/oben nach vorne/unten vor. Jede Stufe ist zwei Bretter tief, der Treppenabsatz immer ein Brett hoch. Als Erstes klebst du das abgeschrägte Brett hinten auf Rück- und Seitenwände, dann leimst du eines der unveränderten Bretter davor auf die Seitenwände. Wo dieses Brett endet, leimst du jetzt eines der gekürzten Bretter zwischen die Seitenwände. Fertig ist die erste Stufe. Eine Ebene weiter unten leimst du nun die verbleibenden zwei unveränderten Bretter auf die Seitenwände auf. Davor kommt dann wieder ein Brett zwischen die Seitenwände. Um ein Verrutschen der Latten zu verhindern, kannst du sie auch vorsichtig vernageln. Hier solltest du aber aufpassen, dass das Holz nicht splittert. Grundsätzlich hält der Leim jedoch fest genug.

Weil Jute recht grob-maschig ist und die Füllung später ständig durchrutschen würde, benötigst du ein Futter.

SITZSACK MIT KAFFEE-HISTORIE

Wer feste arbeitet, soll auch Feste feiern dürfen, weiß der Volksmund. Und wer zu müde ist zum Feiern, lässt sich einfach in einen gemütlichen Sitzsack fallen. Wie du an so einen kommst? Mithilfe einer Nähmaschine und etwas Geschick!

MATERIAL

- *2 Kaffeesäcke*
- *Nähgarn*
- *Baumwollstoff, 180 cm*
- *250 l Füllmaterial*
- *Canvas oder Kunstleder, 210 cm*

WERKZEUG

- *Schere, Maßband, Stecknadeln*
- *evtl. Overlock-Maschine*
- *Nähmaschine*
- *Bügeleisen*

> *Wenn du keine Overlock-Maschine besitzt, dann geht das Versäubern auch mit einer normalen Nähmaschine, indem du den Zickzack- oder den Versäuberungsstich einstellst.*

SO GEHT'S

1. ZUERST TRENNEN

Erst einmal schneidest du die beiden Kaffeesäcke so auf, dass am Ende insgesamt vier gleich große Teile entstanden sind, die du anschließend mit der Overlock- oder der Nähmaschine rundherum versäuberst, damit nichts ausfransen kann und der Sitzsack sich irgendwann in Luft auflöst.

2. DANN ZUSAMMENNÄHEN

Drei der vier Stoffteile nähst du jetzt an den Längsseiten rechts auf rechts mit einem Geradstich zusammen. Ideal wäre es, wenn das Stück mit dem Aufdruck in der Mitte ist. Die Nahtzugaben bügelst du nun von links auseinander, um sie anschließend von rechts an den beiden Seiten der Naht abzunähen.

3. FUTTER

Weil die Jute des Kaffeesacks recht grobmaschig ist und die Füllung später ständig durch die groben Löcher herausfallen würde, benötigst du ein Futter. Dafür ist der Baumwollstoff gedacht, den du zunächst einmal so zurechtschneidest, dass er exakt die Größe der zusammengenähten Sackteile hat. Anschließend legst du ihn auf die linke Seite des Jutestoffs und nähst per Overlock oder Geradstich einmal rundherum, um die beiden zu verbinden.

4. DER BODEN

Jetzt kommt das Canvas oder Kunstleder ins Spiel. Es sollte um die 40 cm breit sein und genauso lang wie die drei aneinandergenähten Sackteile. Canvas und Kunstleder sind deswegen toll, weil sie sehr strapazierfähig sind. Immerhin wird der Stoff später stark beansprucht, wenn du darauf sitzt. Den Canvas- bzw. Kunstlederstreifen nähst du jetzt rechts auf rechts an der Unterkante der Jute auf. Ist das erledigt, bist du dem Ziel schon gar nicht mehr so fern.

5. EIN SACK ENTSTEHT

Breite nun dein zusammengenähtes Werk so vor dir aus, dass du auf die Jute blickst und sich der Canvas- oder Kunstlederstreifen unten befindet. Markiere an der Oberseite die Mitte und falte dann die komplette Fläche von links nach rechts rechts auf rechts zusammen. Anschließend nähst du steppfüßchenbreit die Oberkante und die Seitennaht zu. Vergiss aber nicht, die Canvas- bzw. Kunstlederseite offen zu lassen, um später die Füllung hineinzustopfen. Den Sack wenden, sodass sich die schöne Seite außen befindet.

6. DAS FINALE

Im nächsten Schritt versäuberst du die Öffnung, indem du den Canvas oder das Kunstleder etwa 3 cm nach innen einschlägst und mit einer geraden Naht abnähst. Lass aber etwa 10 cm zum Befüllen offen. Jetzt hast du es auch schon fast geschafft – nur noch den Sack befüllen, nicht zögerlich, aber auch nicht ganz prall. Schließlich muss das Gebilde ja so nachgeben können, dass du bequem darauf sitzen kannst. Das letzte Stück der Naht zu schließen wird etwas knifflig. Wenn möglich, lässt du den Sack am besten von jemandem festhalten.

KISSENPARADE

Wie wäre es mit einem passenden Kissen zum Füße-Hochlegen? So findet das übrige Teil des Jutesacks auch noch Verwendung. Versäubere den Juterest ringsherum und nähe als Rückseite ein Baumwollstoffstück derselben Größe an – wie schon beim Sitzsack. Zusätzlich nähst du an beide Längsseiten auf der Außenseite einen Canvas- oder Kunstlederstreifen mit einer Breite von etwa 20 cm. Das Nähwerk wieder mittig falten, rechts auf rechts, und die entstandene lange, offene Seite abnähen. Eines der beiden mit Canvas oder Kunstleder überzogenen offenen Enden kannst du direkt zunähen. Wende dein Nähstück auf die rechte Seite. Die letzte offene Seite schlägst du wieder etwa 3 cm nach innen ein und lässt auch hier eine Öffnung zum Befüllen. Dann das Füllmaterial hineingeben und zunähen.

Das Zwiebelsieb-Licht ist übrigens deutlich romantischer als das der Sonne.

ZWIEBELSIEB-GARTENLEUCHTER

Es gibt nichts Schöneres, als in einer lauen Sommernacht draußen im Garten zu sitzen. Blöd nur, dass irgendwann die Sonne untergeht. Jetzt kannst du einfach die Windlichter an deinem Zwiebelsieb anzünden und schon wird es wieder hell.

MATERIAL

- *Zwiebelsieb*
- *4 Schraubösen*
- *Juteseil, ca. 2 m lang*
- *Karabinerhaken*
- *Juteband*
- *Gläser und Flaschen*
- *Teelichter*

WERKZEUG

- *nur deine Hände*

Noch schöner sieht das Ganze aus, wenn du statt des Karabiners alte, verspielte Messinghaken und -ösen verwendest.

SO GEHT'S

1. AUFHÄNGEN

Als Erstes drehst du auf jeden der vier Eckpfosten des Siebs eine Schrauböse. Dann schneidest du das Juteseil in zwei gleich lange Teile. Das Ende eines der Seile führst du nun durch eine der Ösen und verknotest es. Das andere Seilende fixierst du am gegenüberliegenden Pfosten der kurzen Seite des Zwiebelsiebs. Auch dort wird es mit einem Knoten daran gehindert, zurückzurutschen. Wiederhole dasselbe mit dem zweiten Seil auf der anderen Seite des Siebs. Das Zwiebelsieb hängt jetzt an zwei Schlaufen, die du in den Karabinerhaken einhängen und an einem stabilen Ast oder Pergola-Balken aufhängen kannst.

2. BELEUCHTEN

Mit dem Juteband hängst du nun alte Gläser und Flaschen unten an das Zwiebelsieb. Die Gläser bestückst du mit Teelichtern.

3. DEKORIEREN

Auch oben auf das Sieb kannst du noch Windlichter stellen. Topfpflanzen oder einfach lose Zweige eignen sich ebenfalls gut zum Dekorieren.

Wenn du irgendwo einen passenden Stöpsel auftreibst, können die Kinder in der Spüle sogar den Abwasch machen.

MATSCHKÜCHE FÜR KINDER

Wenn Kinder anfangen, die Welt zu entdecken, dann beginnen sie auch damit, die Welt der Erwachsenen nachzuspielen. Besonders beliebt ist dabei das Kochen. Wenn du also nicht willst, dass deine Küche zum Schlachtfeld wird, dann jetzt gut aufgepasst!

MATERIAL

- *2 Holzlatten, ca. 67 cm lang*
- *1 Holzlatte, 120 cm lang*
- *2 Holzlatten, Tiefe der Spüle plus 15 cm*
- *Europalette*
- *Spüle*
- *Holzbretter*
- *ca. 30 Schrauben*
- *1 Holzbrett, 120 x 14 cm*
- *ca. 10 Haken mit Gewinde*

WERKZEUG

- *Schraubenzieher*
- *Säge*

Spülbecken findest du z. B. auf dem Schrottplatz. Für einen schlanken Taler gibt man dir bestimmt eines ab. Alternativ kannst du auf Flohmärkten, in Abbruchhäusern oder in Omas und Opas Keller auf die Suche gehen.

SO GEHT'S

1. DAS GRUNDGERÜST

Aus den fünf Holzlatten baust du ein Gestell, das aussieht wie ein halber Tisch, den man in der Mitte durchgesägt und der Platte beraubt hat. Also zwei Beine (die 67 cm langen Holzlatten), die lange Latte als Querverbindung und zwei kürzere Seitenteile. Das ist dein Unterbau. Diesen bringst du jetzt an die Palette an, die zur Rückwand der Matschküche wird. Bevor du alles fixierst, teste zur Sicherheit noch mal, ob die Spüle auch wirklich in die Öffnung passt.

2. SPÜLE MONTIEREN

Setze die Spüle in den Unterbau ein. Sie liegt hinten auf der Palette und vorne auf dem Gestell auf.

Die Lücken links und rechts der Spüle schließt du mit den in der Länge zurechtgesägten Holzbrettern und Schrauben. Das ist deine Arbeitsplatte. Jetzt schraubst du noch das verbleibende 120er-Brett oben auf die Palette, damit dort eine Ablagefläche entsteht.

3. DIE KÜCHE HAT MEHRERE HAKEN

Zum Schluss nimmst du die Haken und schraubst sie oben an die Paletten-Rückwand. Daran können die Kids Handtücher, Backhandschuhe und Tassen hängen. Auf dem oberen Palettenrand, der immerhin 14 cm breit ist, können sie Tee- oder Kaffeekannen, kleine Töpfe und Schüsseln abstellen. Und wenn du irgendwo einen passenden Stöpsel auftreibst, können die Kinder in der Spüle sogar den Abwasch machen. So fühlen sich die Kleinen ganz groß!

Um dem Ganzen mehr Stabilität zu geben, kannst du den Unterbau noch verstreben. Wenn du die Vorderseite des Unterbaus komplett verkleidest, entsteht darunter eine nützliche Höhle zum Verstecken.

1. GARTENGERÄTESTÄNDER AUS PALETTE

Die einfachste „Anleitung" in diesem Buch, die dennoch für erstaunlich viel Ordnung in deinem Schuppen sorgt: Die Holzpalette senkrecht an die Wand schrauben (oder anderweitig dafür sorgen, dass die Palette stehen bleibt), die Gartengeräte reinstellen und fertig.

2. GARTENREGAL AUS ZWEI PALETTEN

Auch nicht viel schwieriger: Stelle zwei Holzpaletten so zusammen, dass sich die Seiten mit den Brettern außen befinden. Mit Nägeln oder Schrauben fixieren oder mit Seilen zusammenbinden. Anschließend das Regal an der Wand befestigen und oben mit drei Steinplatten beschweren. Diese dienen gleichzeitig als Stellfläche für Blumentöpfe und dergleichen. Toller Nebeneffekt: Im Raum, der zwischen den beiden Paletten entstanden ist, kannst du überdies noch Sachen unterbringen, etwa einen Gartenschlauch, eine Kabeltrommel, Vasen, weitere Töpfe und vieles mehr.

3. REGAL AUS PALETTE

In einer herkömmlichen Europalette stecken zwei tolle Wandregale, die du ganz einfach selbst bauen kannst. Dazu sägst du die Palette auf beiden Seiten jeweils nach dem zweiten Brett von außen auseinander. Aus den Brettern der übrig bleibenden Paletten-Mitte sägst du einen Regalboden, den du an die Außenseite der Palette nagelst. Und schon hast du zwei tolle Regale, die du an die Wand anbringen und mit den verschiedensten Utensilien beladen kannst. Kräuterpflanzen oder Öl-, Essig- und Weinflaschen machen sich in dem Holzregal besonders gut.

1

2

4

INSEKTENHOTEL AUS OBSTKISTEN

Du wolltest schon immer Hotelier und verantwortlich für Hunderte Übernachtungsgäste sein? Das Hotel deiner Träume bietet gehobenen Service in exquisiter Lage? Diese Bauanleitung lässt deinen Traum wahr werden!

MATERIAL

- *Bambus, Schilf oder Strohhalme*
- *Sisalseil oder Gummibänder*
- *Baumstamm, 1 m, Ø mind. 15 cm*
- *2 Holzkisten*
- *10 Nägel*
- *jede Menge dünne Äste*

WERKZEUG

- *Säge*
- *Schleifpapier*
- *Bohrmaschine*
- *Hammer*

SO GEHT'S

1. BAMBUS KNOTEN

Je 20–30 Bambusstangen mit Bändern aus Sisal oder Gummi zu fünf Bündeln verknoten. Das Bündel auf die Tiefe der Kiste zurechtsägen. Auf dieselbe Weise fünf Schilfbündel herstellen. Hier kannst du 50–60 Röhrchen pro Einheit verwenden. Achte darauf, dass alle Öffnungen sauber geschnitten und frei von Fasern und Spänen sind. Diese können den Tieren gefährlich werden. Jedes Rohr braucht eine geschlossene Seite, die zur Rückwand schauen soll. Dazu die Röhrchen verknoten oder mit Watte verschließen.

2. MACH ES PASSEND

Nun sägst du den Baumstamm so, dass sie aufrecht stehend in eine quer stehende Holzkiste hineinpassen. In diese Blöcke bohrst du nun unzählige Löcher, jeweils 2–9 mm breit und etwa 10 cm tief. Tiefer dringt der Frost meist nicht in das Holz ein. Wichtig ist, immer quer zur Faserung des Stamms zu bohren.

3. HOCHSTAPLER

Jetzt stapelst du die Kisten Längsseite auf Längsseite, die Öffnungen zeigen nach vorne. Mit dem Hammer und ein paar Nägeln verbindest du die Konstruktion.

4. AUSSTATTUNG DER HOTELRÄUME

Stelle die Blöcke bzw. die Stämme so in die Kisten, dass die gebohrten Löcher nach vorne zeigen. Die Zwischenräume befüllst du mit kleineren Ästen oder Reisig. Am Ende ist immer noch genügend Platz, um die zahlreichen Bündel aus Bambus und Schilf in den Öffnungen unterzubringen. Etwaige Löcher kannst du optional mit Baumrinde auffüllen. Abschließend wird dem Ganzen der Deckel in Form von Baumrinde oder sonstigem schützenden Material aufgesetzt.

EPAL
70

1

2

3

MINI-TEICH AUS ZINKWANNE

Auch wenn du keinen riesigen Garten dein Eigen nennst, musst du nicht auf das beruhigende Element Wasser verzichten. Für einen Mini-Teich findet sich doch immer ein Plätzchen. Hol dir ganz einfach diese kleine Oase der Entspannung nach Hause.

MATERIAL

- *wasserdichte Zinkwanne*
- *Stück Plastik in der Höhe deiner Zinkwanne*
- *ca. 10 kg Kieselsteine*
- *ca. 10 l Teicherde*
- *kleinwüchsige Wasserpflanzen und Seerosen*
- *ggf. Gitterübertöpfe für die Pflanzen*
- *evtl. große Steine oder Töpfe*

WERKZEUG

- *nur deine Hände*

> *Wähle einen nicht zu sonnigen Standort für deinen Mini-Teich, da sich sonst Grünalgen bilden, und fülle regelmäßig das verdunstete Wasser auf.*

SO GEHT'S

1. GRENZEN SCHAFFEN

Zuerst baust du ein Uferbeet in die Zinkwanne. Dazu trennst du mithilfe des Plastikstücks einen Teil der Wanne ab. Achte darauf, dass das Plastikstück etwas flacher ist als der obere Rand deiner Wanne. Damit deine Trennwand nicht umkippt, schüttest du links und rechts davon Kieselsteine in die Zinkwanne.

2. UFERBEET ANLEGEN

Nun befüllst du dein Uferbeet mit Teicherde. Pflanze deine Wasserpflanzen, falls du diese nicht schon so gekauft hast, in die dafür vorgesehenen Gitterübertöpfe. Anschließend setzt du die Pflanzen in dein abgetrenntes Uferbeet ein.

3. WASSER MARSCH!

Flute die Zinkwanne nach und nach mit Wasser. Achte dabei darauf, dass die Teicherde nicht über die Trennwand schwappt.

4. SEEROSENTEICH

Das große Finale bilden deine Seerosen. Diese stellst du in den tieferen Teil deines Mini-Teichs. Sollten die Gittertöpfe der Seerose nicht den Wannenboden berühren, kannst du mithilfe eines umgedrehten Topfs oder großer Steine für eine Erhöhung sorgen.

Den Schraubenzieher reichen, die Kanthölzer halten – irgendwas findet sich schon, womit sich die Kleinen beim Bauen auch gebraucht fühlen.

WIPPE AUS ALTEN REIFEN

Hol den Kinderspielplatz zu dir nach Hause. Mit nur wenig Material kannst du mit überschaubaren Handgriffen eine tolle Wippe bauen. Wenn die Kids wissen, dass etwas extra für sie gebaut wird, gehen sie dir bestimmt auch gern zur Hand.

MATERIAL

- *1 Autoreifen*
- *Kantholz, 50 cm*
- *12 Schrauben*
- *Holzbrett, ca. 100 x 40 x 2 cm*
- *(Sprüh-)Farbe*
- *2 Rundhölzer, ca. 10 cm lang, mind. 3 cm stark*
- *2 Holzkugeln, Ø 5 cm*

WERKZEUG

- *Kreis- oder Tigersäge*
- *Schraubenzieher*
- *Zollstock, Schleifpapier*
- *Pinsel (optional)*

„Alte Autoreifen bekommst du bei vielen Autowerkstätten oder im Reifenhandel, und zwar geschenkt. Die sind in der Regel ganz froh um jeden Altreifen, den sie nicht selbst entsorgen müssen. Einfach freundlich anfragen!“

SO GEHT'S

1. ALLER ANFANG IST SCHWER

Zuerst sägst du den Reifen genau in der Mitte durch. Dazu solltest du eine Kreis-oder Tigersäge verwenden. Wenn der Reifen halbiert ist, miss mit einem Zollstock die lichte Breite des Reifens aus und säge aus dem Kantholz zwei passende Stücke zu.

2. MACH ES STABIL

Jetzt schraubst du die Kanthölzer so an, dass sie mit der abgeschnittenen Kante des Reifens bündig sind. Je zwei Schrauben, also acht insgesamt, drehst du an jeder Seite von außen durch den Reifenmantel in die Hölzer hinein, damit es stabil genug ist.

> *Du kannst auch eine Wippe für zwei Kinder bauen. Dazu nimmst du einfach ein längeres Brett, das auf jeder Seite deutlich über den Reifen hinausragt, und schraubst zwei Haltegriffe etwa auf Höhe der Reifenkanten fest.*

3. DIE SITZFLÄCHE

Nimm als Nächstes das Holzbrett zur Hand – es sollte mindestens 2 cm stark sein – und säge es so zurecht, dass es oben genau auf den Reifen passt. Vorne und hinten darf es gerne ein paar Zentimeter überstehen. Optional kannst du in der Mitte vom Brett auf beiden Seiten kleine Halbkreise aussägen, damit die Kinder später gemütlicher sitzen können. Danach alle Schnittkanten sauber abschleifen. Wenn du magst, kannst du deinen Kindern jetzt ein wenig Farbe in die Hand geben, damit sie selbst das Brett und den Reifen schön bemalen können.

4. SICHERER GRIFF

Bevor die Sitzfläche der Wippe oben auf die Kanthölzer geschraubt wird, solltest du noch die Rundhölzer anbringen, die als Haltegriffe dienen. Dazu schraubst du die beiden Rundhölzer einfach nebeneinander auf die Sitzfläche, sodass die Kinder sich gut daran festhalten können, wenn sie mittig auf dem Brett sitzen. Was die Haltegriffe betrifft, so kannst du natürlich auch erfinderisch sein. Alles, was man mit dem Holzbrett verschrauben kann und woran die Kinder sich gut festhalten können, ist prinzipiell geeignet. Vor den Griffen werden anschließend die beiden Kugeln, die Augen, auf das Brett geschraubt.

5. PLATZ DA!

Platziere die Sitzfläche so auf dem Reifen, dass sie an beiden Seiten gleich weit über den Rand hinausragt, und drehe auf jeder Seite zwei Schrauben von oben durch das Brett in die Kanthölzer hinein.

GOOD

1

2

3A

3B

SONNENUHR AUS HOLZSCHEIBE

Wie früher die Zeit ablesen? Ohne Handy, ohne Smartwatch, einfach so nach dem Stand der Sonne? Tatsächlich geht das. Mit einer selbstgebauten Sonnenuhr bist du ab sofort ganz autark von digitalen Geräten im Garten unterwegs und verpasst trotzdem nicht das Mittagessen.

MATERIAL

- *Holzscheibe*
- *Bleistift*
- *Acrylstift*
- *Geodreieck*
- *Bootslack*
- *Winkelmesser*
- *Pinsel*
- *Metallstab*

WERKZEUG

- *Akkubohrer*

„Um diese Sonnenuhr zu bauen, brauchst du vor allem zwei Dinge: Einen sonnigen Tag und etwas Geduld."

SO GEHT'S

1. NORD-SÜD-ACHSE ZEICHNEN

Zeichne mithilfe des Geodreiecks und des Bleistiftes die Mittelachse ein. Diese wird später deine Nord-Süd-Achse darstellen, nach der deine Sonnenuhr ausgerichtet wird. Teile deine Mittelachse in drei gleiche Teile und markiere die Stelle mit einem Bleistift, die ⅓ deiner Mittelachse darstellt.

2. WINKEL EINSTELLEN

Der Winkel, mit dem dein Metallstab in das Holz gesteckt werden muss, orientiert sich am Breitengrad und variiert somit je nach Wohnort. Ermittle den Breitengrad deines Wohnortes mithilfe einer Suchmaschine deiner Wahl im Internet und stelle den Winkelmesser dann richtig ein.

Eine Sonnenuhr ist nicht 100 % genau, denn sie zeigt die wahre Ortszeit an. Im Gegensatz dazu ist die Zeit, nach der wir uns normalerweise richten, also die, die auf unseren Uhren angezeigt wird, immer die Zonenzeit. Der Stand der Sonne an verschiedenen Orten innerhalb der Zeitzone wird dabei nicht berücksichtigt.

3. METALLSTAB EINSETZEN

Bohre das Loch für den Metallstab mithilfe des Winkelmessers in dem richtigen Winkel ins Holz. Der Metallstab lässt sich nach dem Einsetzen noch fein nachjustieren.

4. AUSRICHTEN

Lege nun einen Kompass neben die Mittelachse und verschiebe die Scheibe so lange, bis die Mittelachse genau Richtung Norden zeigt. (Norden ist auf der Sonnenuhr „unten", Süden „oben").

5. SONNENUHR FERTIG STELLEN

Nun musst du jede volle Stunde den Punkt auf der Holzscheibe markieren, der durch den Schatten der Metallstange angezeigt wird. Stelle dir dafür am besten einen Wecker. Fertig? Dann pinsel deine Sonnenuhr mit Bootslack ein, um sie wetterfest zu machen.

1

Überall, wo du schraubst, kannst du vorab auch leimen. Das gibt zusätzlich Stabilität, falls doch mal ein schwerer Seeadler zum Essen vorbeischaut.

VOGELFUTTERSTELLE AUS APFELKISTE

Im Sommer zirpt und zwitschert es aus allen Rohren, im Winter tummeln sich die Piepmätze um die Meisenknödel. Die magst du nicht leiden? Dann besorge dir eine Apfelkiste, damit wir endlich loszimmern können!

MATERIAL

- *Apfelkiste*
- *Leim (optional)*
- *ca. 20 kleine Schrauben*
- *1 Schraubhaken*
- *Bleistift und z. B. Konservendose*
- *Draht*
- *Flasche*
- *Vogelfutter*

WERKZEUG

- *Stichsäge*
- *Kneifzange*
- *Schraubenzieher*

Alternativ kannst du versuchen, von innen gegen die Bretter zu hämmern, damit Nägel und Krampen so weit rauskommen, dass du sie mit der Zange entfernen kannst. Meistens aber sind die Krampen so fest, dass dabei eher die Bretter kaputtgehen.

SO GEHT'S

1. ZUERST DER ABRISS

Die Leisten der Apfelkiste sind an den Seiten jeweils an die Eckpfosten genagelt und getackert. Genau diese Nägel und Krampen sägst du mit der Stichsäge zwischen Leiste und Pfosten durch. Die Bretter bleiben somit ganz! Mit dieser Methode löst du alle Seitenbretter von der Kiste ab. Die Reste der Nägel und Krampen musst du dann mit der Zange entfernen.

2. DANN DER WIEDERAUFBAU

Zunächst nimmst du zwei der Bretter von der Griffseite. Bei den meisten Apfelkisten sind diese Bretter etwas dicker, als die der Längsseiten. Die Bretter legst du nebeneinander, sie ergeben später die Rückwand. Dann nimmst du zwei der Kanthölzer aus den Ecken der ehemaligen Kiste und sägst sie so zurecht, dass sie genauso lang sind, wie die Rückwand breit ist.

3. DIE AUFHÄNGUNG

Schraube eines der beiden Kanthölzer oben an die Rückwand bündig zur Oberkante. Eine Fläche des Kantholzes liegt an der Rückwand an, die andere zeigt nach oben. In diese Fläche drehst du nun mittig einen Haken zur Aufhängung hinein. Das zweite Kantholz schraubst du unten auf die Vorderseite der Rückwand, wobei eine Seite des Kantholzes flach an der Rückwand anliegt, die andere zeigt nach oben. Hier wird später der Futtertrog aufgesetzt.

4. FUTTERTROG BAUEN

Aus den verbliebenen Latten der Griffseite sägst du jetzt vier gleich lange Teile heraus. Die Teile sollen alle so lang sein, wie zwei Bretter nebeneinander breit sind. Lege nun zwei der gerade zurechtgesägten Bretter nebeneinander und zeichne (z. B. mithilfe einer Konservendose) einen Kreis ein. Der Kreis sollte auf einer Achse mittig und auf der anderen relativ nah am Rand des Rechtecks liegen. Säge mit der Stichsäge an der Linie entlang. Die beiden Bretter mit dem Kreis schraubst du dann auf die beiden anderen zurechtgesägten Bretter. Achte darauf, dass sich die Ritzen, die die Bretterpaare aufweisen, überkreuzen. Das Ergebnis setzt du auf das untere Kantholz der Rückwand auf und schraubst es dort fest.

5. FLASCHE FIXIEREN

Jetzt bohrst du vier kleine Löcher in die Rückwand. Durch sie fädelst du einen Draht, den du hinter der Rückwand verzwirbelst. Dadurch wird die Flasche gehalten. Achte beim Bohren der Löcher darauf, dass der untere Draht unbedingt auf Höhe des Flaschenhalses sein muss, an der Stelle, an der die Flasche dicker wird. Nur dann verhindert der fest angezogene Draht, dass die Flasche nach unten rutschen kann. Die nach unten zeigende Öffnung darf nicht auf dem Trog aufsitzen, sondern muss etwa einen Fingerbreit Luft haben, damit das Futter nachrutschen kann.

VOGELFUTTERSTELLE AUS LEGO®-STEINEN

Zugegeben, die Vogelfutterstelle aus der Apfelkiste ist nicht ganz einfach zu bauen. Wer es erst einmal ein wenig lockerer angehen lassen will, kann sich alternativ ein paar LEGO®-Steine schnappen und damit ein Vogelrestaurant bauen. Von der Hundehütte bis zum Fünf-Sterne-Palast ist dabei alles möglich – vorausgesetzt, du hast genug LEGO®-Steine.

1

2

3

4

LANGE GARTENSCHÜRZE

Klar, Gartenschürzen kannst du an jeder Ecke kaufen. Aber viel schöner sind doch selbst genähte. Bestimmt hast du sogar noch ein Stück Stoff zu Hause, das du besonders magst, aber bist nicht sicher, was du damit anfangen könntest. Jetzt weißt du es!

MATERIAL

- *Leinenstoff, 150 x 140 cm*
- *Kunstleder zum Absetzen der Taschen und der Oberkante, 20 cm*
- *Nähgarn*

WERKZEUG

- *Schere, Maßband*
- *Stecknadeln bzw. Wonder Clips*
- *Nähmaschine*
- *evtl. Overlock-Maschine*
- *Bügeleisen*

SO GEHT'S

1. ZURECHTSCHNEIDEN

Zuerst schneidest du aus dem Leinenstoff insgesamt fünf Teile entsprechend der Schnittmusterskizze auf S. 93 zu: ein Vorderteil, zwei Rückenteile sowie zwei Taschen. Orientiere dich für die Form der Einzelteile an den Fotos. An den Teilen für die Rückseite müssen sich nach dem Zuschnitt die Träger befinden.

2. TASCHEN VORBEREITEN

Die Lederstücke schneidest du so zu, dass sie den oberen Saum der beiden Taschen und des Latzes bilden. Dann fixierst du je ein Lederteil auf einer Tasche und am Vorderteil, am besten mit Wonder Clips, und versäuberst die Taschen einmal rundherum. So wird auch der Lederbesatz am oberen Rand befestigt. Den unteren Rand nähst du mit einem Zickzackstich fest.

3. ZUSAMMENNÄHEN

Im nächsten Schritt legst du die Schürzen-Vorderseite mit der rechten, schönen Seite nach oben vor dich hin. Die beiden Rückenteile legst du rechts auf rechts darauf, die schönen Seiten liegen also aufeinander. Die Träger liegen gekreuzt übereinander und werden jeweils an der Außenkante bündig, rechts auf rechts an den Latz genäht. Nun schließt du die Seitennähte und versäuberst abschließend alle Nähte mit der Overlockmaschine oder einem Zickzackstich. Bügle alle Nähte aus und steppe sie von rechts noch einmal ab.

4. TASCHEN AUFNÄHEN

Jetzt hast du noch die beiden Taschen übrig. Ziehe deine neue Schürze an und entscheide dann, an welcher Stelle die Taschen am praktischsten für dich sind. Dann nähst du die Taschen ganz einfach an diesen Stellen mit einem Geradstich auf.

1

2

2A

KURZE GARTENSCHÜRZE

Wenn mal weniger Stoff übrig ist, kannst du dich an dieser kleineren Bauchschürze austoben. Mit blümeranten Zierstoffen machst du nicht nur eine schöne Figur, sondern zeigst neuen Gartenbewohnern gleich mal, wie der Hase läuft.

MATERIAL

- *gemusterter Stoffrest für die Applikation*
- *Vliesofix*
- *Nähgarn*
- *Stoffstreifen für die aufgesetzte Tasche, 115 x 35 cm*
- *2 Stoffstreifen für die Bänder, 100 x 6 cm*
- *1 Stoffstreifen, abhängig von deiner Körpergröße, 115 x 55 cm*
- *Ösen-Set*

WERKZEUG

- *Bügeleisen, Schere*
- *Nähmaschine*

Die aufgesetzte Tasche ist fast so groß wie die grüne Schürze selbst. Damit das beim Nähen nicht verrutscht, wird es zur Fixierung rundherum versäubert. Ein Zickzack- oder ein Versäuberungsstich mit der Maschine reicht dafür völlig aus.

SO GEHT'S

1. APPLIKATIONEN VORBEREITEN

Bügle Vliesofix auf deinen gemusterten Stoff und schneide anschließend deine gewünschte Applikation aus. Dann bügelst du die Applikation auf die Außenseite des Stoffstreifens für die Tasche. Nun fixierst du die Applikation per Gerad- oder Zickzackstich.

2. TASCHE VORBEREITEN

Ist die Applikation sicher befestigt, säumst du das Taschenteil an der oberen langen Seite. Das heißt, du schlägst den Stoff zweimal etwa 2 cm ein und steckst ihn fest. Jetzt nähst du mit Geradstich und 1 cm Abstand von der Kante darüber.

An einer beliebigen Stelle auf der Außenseite der Tasche platzierst du eine Öse. Warum? So kannst du später bei der Gartenarbeit einen Knäuel Gartenschnur oder Gartengarn in der Tasche aufbewahren und bei Bedarf immer den Faden durch die Öse ziehen.

3. BÄNDER VORBEREITEN

Als Nächstes werden die Bänder vorbereitet. Dazu die kurzen Seiten 1 cm nach innen klappen und bügeln. Dann faltest du jedes Band einmal der Länge nach in der Mitte und bügelst hier ebenfalls den Falz. Jetzt klappst du alles auseinander und faltest die Längsseiten der Bänder hin zu der langen, mittig liegenden Bügelkante. Dann klappst du an dieser die Seiten aufeinander, bügelst und nähst das Band zusammen.

4. NÄHEN, NÄHEN, NÄHEN

Nun wird das Taschenteil auf das Hauptteil gelegt und mit Stecknadeln befestigt. Dann schlägst du die kurzen Schürzenseiten jeweils 1,5 cm ein, bügelst den Falz und steppst ab. Den unteren Saum schlägst du 2,5 cm um, bügelst auch hier die Kante und vernähst dann mit einem Geradstich. Anschließend wird die obere Schürzenkante um 2,5 cm eingeschlagen, die Bänder eingelegt, gebügelt und mit einen Geradstich genäht. Über die Bänder noch einmal quer nähen.

5. TASCHE UNTERTEILEN

Nun bist du schon recht weit gekommen. Die Tasche auf der Vorderseite ist allerdings riesig. Du kannst sie in beliebig viele einzelne, senkrechte Taschen aufteilen. Drei bis vier sind aber eigentlich genug, da sie sonst wieder zu schmal werden. Erst einmal steckst du die Fächer ab, genäht wird später.

6. ÖSE EINSCHLAGEN

Markiere die gewünschte Stelle und nimm das Ösen-Set, dem gewöhnlich eine genaue Anleitung beiliegt, zur Hand und schlage die Öse ein. Wenn du das erledigt hast, steppst du noch die Aufteilungsnähte für die Tasche ab – und schon kannst du dich der Gartenarbeit mit deiner neuen, tollen Schürze widmen!

KLEIDERHAKEN AUS ALTEN GABELN

Auch wenn deine Gartenjacke nicht mehr die neueste und schon ein wenig zerschlissen ist: Kein Grund, sie an den Nagel zu hängen. Besser hängst du sie an einen schicken, selbst gebauten Kleiderhaken aus einer alten Gabel.

MATERIAL

- *alte Gabeln*

WERKZEUG

- *Bohrmaschine*
- *Zange*

Der Knick in der Gabel entsteht nicht dort, wo du die Zange ansetzt, sondern deutlich darüber. Je nach Gabel musst du die Zange daher meist im unteren Drittel und nicht in der Mitte ansetzen.

SO GEHT'S

1. BOHREN

Im ersten Schritt bohrst du in die Gabeln ein Loch, mit dem sie später an der Wand befestigt werden. Das Loch kommt in die breite Fläche direkt unter den Zinken der Gabel. Da der Bohrer auf den Gabeln leicht abrutscht, solltest du einen Bohrständer verwenden, wenn du einen hast.

2. BIEGEN

Jetzt schnappst du dir die Zange und biegst die Griffe der Gabeln nach vorne in Richtung der Zinken um, sodass ein Haken wie bei einer Garderobe entsteht.

3. ROCK 'N' ROLL

Jetzt sind die Wandhaken fertig, sehen aber noch ein wenig langweilig aus. Du kannst daher noch eine Prise Elvis hinzufügen, indem du die Zinken der Gabel mit der Zange zu witzigen Handzeichen umbiegst.

NOCH MEHR ALTES BESTECK?

Wenn du noch mehr alte Gabeln oder Löffel übrig hast, kannst du daraus auch schicke Beetmarkierungen machen. Mit Schlagbuchstaben die Pflanzennamen auf die Innenfläche eines platt gehauenen Löffels oder auf den Griff einer Gabel stanzen.

5A

1

2
BOSCH

3A

3B

MINI-BLUMENPRESSE „FÜR IMMER SOMMER“

Sommer, Sonne, Blumenzeit! Würdest du die bunten Farben auch am liebsten für immer bei dir behalten? Doch wie kriegst du ihre Schönheit eingefangen? Na klar, mit einer Blumenpresse!

MATERIAL

- *Wellpappe (5 Stück á 25 x 20 cm)*
- *2 Sperrholzplatten (25 x 20 cm)*
- *4 Schrauben (5 cm Länge)*
- *4 passende Flügelmuttern*
- *Bleistift*
- *Lineal*
- *Schere*

WERKZEUG

- *Akkubohrer (8er)*

Wenn du keine Stichsäge hast, kannst du dir die Sperrholzplatten auch direkt im Baumarkt auf die gewünschte Größe zusägen lassen. Das ist meist sogar kostenlos und spart dir die Sägerei zuhause.

SO GEHT'S

1. SCHNEIDEN

Miss mithilfe des Lineals ein Rechteck von 25 cm x 20 cm auf Wellpappe ab und markiere dieses mit einem Bleistift. Nun nimmst du dir die Schere zur Hand und schneidest es sorgfältig aus. Wiederhole den Schritt noch vier Mal, so dass du am Schluss 5 Stück Wellpappe in der Größe deiner Blumenpresse hast.

2. BOHREN

Bohre nun die Löcher in die Ecken deiner Sperrholzplatten. Dafür zeichnest du dir am besten die vier Löcher (mit Abstand von je 1 cm vom Rand) auf einer Platte ein und bohrst zuerst nur diese. Danach legst du die Platten übereinander. Mit dem Bleistift kannst du nun die Markierung auf der anderen Platte anzeichnen und die Löcher auf der zweiten Platte passend bohren. Die Löcher sollten genau übereinander liegen.

3. ZUSAMMENSTECKEN

Nimm dir deine Schrauben und stecke nun alles zusammen: Erst eine Platte, darauf die fünf Wellpappen und danach die zweite Platte. Fertig ist die Blumenpresse! Wenn du willst, kannst du sie bemalen oder mit einem Lötkolben etwas darauf zeichnen.

Jede Wette, dass du dir gleich morgen noch ein paar weitere Konserven besorgst und den Inhalt schnell verschlingst, weil du leere Dosen brauchst?

WINDLICHTER AUS ALTEN DOSEN

Du hattest einen stressigen Tag und auf den Tisch kam leider nur eine Dose mit irgendwas in Tomatensauce? Kein Grund für ein allzu schlechtes Gewissen, denn wir zeigen dir, welch tolle Windlichter du aus dem vermeintlichen Abfall zaubern kannst.

MATERIAL

- *ein paar Konservendosen*
- *Holzlatte*
- *1 Nagel*
- *Sprühlacke in verschiedenen Farben*

WERKZEUG

- *Hammer (alternativ: Lochstanzer oder Blechlocher)*
- *ggf. Filzstift*

Einen Lochstanzer bekommst du im Baumarkt schon für ein paar Euro. Wir würden ein solches Werkzeug jedenfalls empfehlen, damit die Löcher im Dosenblech nicht ausfransen und schön gleichmäßig groß sind.

SO GEHT'S

1. REINIGEN

Reinige die Dosen sorgfältig und entferne alle Etiketten und Kleberrückstände.

2. DURCHLÖCHERN

Mit Hammer und Nagel stanzt du nun Löcher in die Dosen, damit das Kerzenlicht schön durchschimmern kann. Am besten nimmst du dafür eine Holzlatte zu Hilfe (Bild 2). Wie groß die Löcher sind, kannst du selbst entscheiden. Es gibt unzählige Möglichkeiten, Formen, Muster oder Gebilde in die Dosenwand hineinzustanzen. Alternativ kannst du auch einen Lochstanzer verwenden. Für komplizierte Muster kannst du dir auch eine Vorlage mittels Filzstift vorzeichnen.

3. JETZT WIRD'S BUNT!

Jetzt sprühst du deine Dose bzw. deine Dosen an, wie du lustig bist. Ganz egal, ob einfarbig oder bunt, ob gestreift oder gemustert. Klar, dass der Lack anschließend ein paar Stunden trocknen muss.

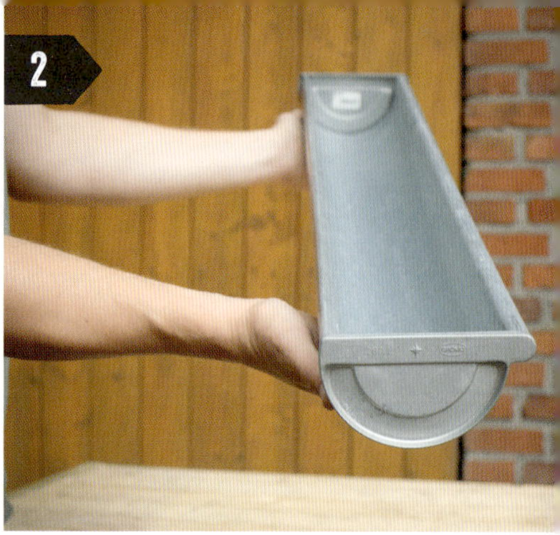

Im Idealfall bringst du die Rinnenstücke an einer Holztafel an und befestigst diese an der Wand. Das sieht nicht nur hübsch aus, sondern verhindert Kratzer und ist zudem pflegeleichter.

VERTIKALER GARTEN AUS REGENRINNE

Wenig Platz, aber große Ambitionen? Dann ist unser vertikaler Garten aus einer Regenrinne genau das Richtige für dich! Diese wird in zwei oder mehrere Teile zerlegt und an der Wand angebracht und bietet Platz für Kräuter oder Salat.

MATERIAL

- *Regenrinne, 2 m lang*
- *je 2 Regenrinnen-Endstücke für links und rechts*
- *4 Regenrinnen-Halter*
- *Schrauben*
- *Dübel*

WERKZEUG

- *Metallsäge*
- *Universalkleber*
- *Bohrmaschine*
- *Zollstock*
- *Schraubenzieher*

Zusätzlich kannst du die Wand, an die Regenrinne angebracht wird, vorher mit Tafelfarbe bemalen. So kannst du später mit Kreide die Pflanzennamen auf die Wand schreiben. Vor allem bei einem Kräuterbeet in der Küche sieht das richtig gut aus.

SO GEHT'S

1. SÄGE BEDÄCHTIG

Als Erstes sägst du die Rinne so zu, dass zwei gleich lange Teile entstehen.

2. GANZ DICHT?

Nun werden die Rinnen mit den Endstücken verschlossen und verklebt. Bedenke, dass du je Rinne ein linkes und ein rechtes Verschlussstück benötigst. Bohre dann zwei Löcher in den Boden der Regenrinnen, damit später überschüssiges Wasser abfließen kann. Nun die Rinnenhalter an die Rinnen anbringen.

3. MESSEN

Mit dem Zollstock den Abstand zwischen den Schraubenlöchern der beiden Rinnenhalter messen. Arbeite hier sehr exakt! Nun markierst du den gleichen Abstand an deiner Wand, bohrst Löcher und dübelst die Regenrinne dort fest. Achte darauf, zwischen den Etagen mindestens 40 cm Platz zu lassen, damit deine Pflanzen ordentlich wachsen und gedeihen können.

4. INBETRIEBNAHME

Abschließend die Kästen mit Erde befüllen und nach Lust und Laune bepflanzen. Gieße immer vorsichtig, damit die Erde das Wasser vernünftig aufnehmen kann, sonst gibt es direkt eine Sauerei.

1

2

4

MEISENOBST IM HOLZAPFEL

Im Winter schmeckt uns das Essen ja besonders gut. Doch während wir uns die Mägen vollschlagen, hopst draußen so mancher Piepmatz über karge Böden und bekommt nichts zu picken. Lasst uns deshalb doch ein wenig Obst in den Baum hängen!

MATERIAL

- *1 Brett bzw. Baumscheibe, mindestens 3 cm breit*
- *Streu-Vogelfutter*
- *Kokosfett*
- *dünner Ast*
- *Schnur*

WERKZEUG

- *Stichsäge*
- *Bohrmaschine*
- *Holzleim*

SO GEHT'S

1. ZEICHNEN

Zuerst zeichnest du die gewünscht Form auf die Holzscheibe auf, z. B. einen Apfel. Wichtig ist, dass in der Mitte der Form ein Loch sein muss.

2. NACHZEICHNEN

Als Nächstes sägst du mit der Stichsäge die angezeichnete Form aus dem Holz. Auch das Loch musst du aussägen. Dann bohrst du oben und unten je ein Loch in die Form.

3. FETTSCHMELZE

Das Kokosfett in einem Topf schmelzen, bis es schön flüssig ist. Dann rührst du das Vogelfutter unter das Fett und lässt die Mischung ein wenig abkühlen, bevor du sie dann in das Loch deiner Holzscheibe füllst. Zum Aushärten stellst du die Holzscheibe am besten in den Schuppen oder Keller.

4. LÖCHER FÜLLEN

Im letzten Schritt leimst du den dünnen Ast und das untere Loch deiner Form. Er dient den Vögeln als Sitzplatz. Dann fädelst du die Schnur durch das obere Loch in deiner Holzscheibe und hängst das Kunstwerk daran an einem Ast auf.

Natürlicher Schutz gegen Blattläuse: Ohrwurmhotel auf den Stock stecken.

Als Stab in der Mitte kannst du auch einen alten Besenstil oder einen Stock verwenden. Bedenke allerdings, dass er nicht zu dick sein darf. Er muss noch durch das Loch des kleinsten Topfes passen.

ERDBEERTURM AUS TONTÖPFEN

Wer liebt sie nicht? Die süßen, roten Erdbeeren im Sommer. Jetzt stelle dir vor, du liegst auf deiner Terrasse oder deinem Balkon und musst einfach nur zur Seite greifen, um leckere Erdbeeren zu naschen. Klingt verlockend? Mit diesem Erdbeerturm sind die leckeren Früchte zukünftig nur noch eine Armlänge entfernt.

MATERIAL

- *5 verschieden große Tontöpfe mit*
- *30 cm Höhe, Ø 39 cm*
- *23 cm Höhe, Ø 29 cm*
- *19 cm Höhe, Ø 22 cm*
- *14 cm Höhe, Ø 16 cm*
- *10 cm Höhe, Ø 11 cm*
- *Unterteller mit 5 cm Höhe, Ø 30 cm*
- *Stab, alternativ Stock: 10 mm stark, max. 120 cm hoch*
- *Blumenerde*
- *13 kleine Erdbeerpflanzen*

WERKZEUG

- *Gartenschaufel*

SO GEHT'S

1. DER PERFEKTE STANDORT

Bevor es losgehen kann, solltest du dich für den Standort entscheiden. Das ist wichtig, weil es später schwer wird, den Turm noch zu versetzen. Erdbeeren lieben die Sonne. Ein vollsonniger Standort ist also ideal. Gefunden? Dann platziere hier den Unterteller und stelle den größten deiner Töpfe darauf.

2. SCHAUFELN UND STAPELN

Befülle den größten Topf mit Erde. Stecke dann den Stab in die Mitte bis er am Boden im Loch „einhakt". Um den Stab zu stabilisieren, drücke die Erde rundherum mit den Händen fest. Stecke nun den zweitgrößten Topf von oben auf den Stab und drücke ihn kurz auf der Erde an. Durch den Abdruck markierst du den Bereich, in dem du deine Erdbeeren pflanzen darfst. Nimm den zweitgrößten Topf nochmal runter.

3. PFLANZEN

Setze nun vier Erdbeerpflanzen in den größten Topf. Es kann sein, dass die Wurzeln etwas groß sind und du die Pflanzen ein wenig „zurechtruckeln" musst. Keine Sorge: Das schadet ihnen nicht. Stecke danach den zweiten Topf wieder über den Stab.

4. ALLE ÜBEREINANDER

Wiederhole die Schritte 2 und 3, bis alle Erdbeerpflanzen eingepflanzt und alle Töpfe übereinander gesteckt sind. In den zweiten und dritten Topf von unten setzt du am besten drei Erdbeerpflanzen ein, in den vierten Topf nur noch zwei und ganz oben nur eine.
Beim obersten Topf ist das Bepflanzen möglicherweise ein wenig schwieriger, weil du den Stab durch die Wurzeln der Erdbeerpflanze stechen musst. Mach dir aber keine Sorgen, die Pflanze leidet darunter nicht. Im Gegenteil: Dadurch kann die Wurzelbildung angeregt werden.

ERDBEERTURM AUS KG-ROHR

Du hast noch ein KG-Rohr in der Garage liegen? Dann zaubere dir daraus doch einen Erdbeerturm. Super einfach gemacht und ein besonderer Hingucker im Garten, auf der Terrasse oder dem Balkon.

MATERIAL

- *KG-Rohr*
- *Unterteller*
- *5–6 Erdbeerpflanzen*

WERKZEUG

- *Heißluftföhn*
- *Flasche*
- *Bleistift*
- *Schneidermaßband/biegsames Lineal oder Faden von 12 cm Länge*
- *Japansäge, alternativ Multitool*

SO GEHT'S

1. ANZEICHNEN

Zeichne auf dem KG-Rohr mit Bleistift und Schneidemaßband an, wo deine Erdbeerpflanzen später sitzen sollen. Damit du es nachher nicht so schwer hast, diese einzusetzen, sollten die Markierungen für die Schnitte mindestens 12 cm lang sein. .

2 . SÄGEN

Säge nun mit der Japansäge dort, wo du vorher die Markierungen gesetzt hast, vorsichtig Schnitte in dein KG-Rohr.

3. FÖHNEN

Mit dem Heißluftföhn erhitzt du nun das Material um den Schnitt herum. So wird es weich und biegsam. Achtung! Halte den Föhn nicht zu nah ans Rohr, dann schmilzt das Material und pass auf, dass du immer vom Körper weg föhnst, um dich nicht zu verbrennen.

4. PFLANZLOCH

Nun musst du das Pflanzloch biegen. Dafür steckst du eine Flasche durch den Schlitz und formst so eine „Tasche" aus dem eben weich geföhnten Material. Auch hier ist Vorsicht geboten: Das Material ist heiß, pass also gut auf deine Finger auf. Wiederhole Schritt 3 und 4, bis alle Pflanzlöcher fertig sind.

5. BEPFLANZEN

Platziere das Rohr nun auf dem Unterteller und befülle es mit Erde. In die Pflanzlöcher setzt du deine Erdbeeren ein. Hier ist ein bisschen Fingerspitzengefühl gefragt, aber keine Sorge: Die Pflanzen werden die Strapazen schnell vergessen und mit etwas Pflege gut gedeihen.

L. VERDEGAAL '55

AUF BALD, SELBERMACHER!

Alt ist für dich nicht mehr gleich nutzlos, kaputt nicht mehr gleich unbrauchbar und Schrott nicht mehr gleich Restmüll? Super, dann haben wir unser Ziel erreicht. Zukünftig wirst du mit anderen Augen durch die Welt gehen und Potenzial sehen, wo andere Sperrmüll wittern.

Hast du schon das eine oder andere Projekt in die Tat umgesetzt? Dann mach doch mal ein Foto und teile dein Ergebnis mit uns auf Instagram oder Facebook (@diestadtgaertner). Wir würden uns freuen! Falls etwas nicht geklappt hat oder Fragen offen geblieben sind, schreibe uns gerne eine Nachricht an

hallo@diestadtgaertner.de

Das DIY-Universum ist natürlich groß und dieses Buch nur ein winziger Teil davon. Falls du dich aufmachen willst, weitere Ideen zu entdecken, sind die folgenden Websites ein guter Start:

- *www.pinterest.com*
- *www.we-upcycle.com*
- *www.abeautifulmess.com*
- *www.handmadekultur.de*
- *www.lindaloves.de*

Wir hoffen natürlich, dass du dem Thema DIY treu bleibst, und wünschen dir viel Spaß und Erfolg bei deinen nächsten Bauprojekten!

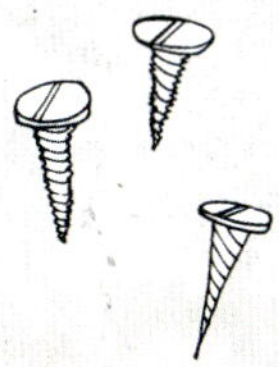

ÜBER DIE AUTOREN

Seit 2011 widmen sich die Stadtgärtner nun schon ihrem Ziel, mehr Grün ins Grau zu bringen. Gegründet von Derk, Jan und Torge, begann das Abenteuer mit dem Verkauf handgerollter Samenbomben bei DaWanda. Schon bald bekamen die Produkte ein eigenes Zuhause auf www.diestadtgaertner.de und wuchern seitdem weiter ins Internet hinein. Seit Ende 2013 wird sogar Amazon begrünt.

Um das Produkt bekannter zu machen, wagten die Stadtgärtner sich 2013 aus der Deckung des Internets heraus und begannen auf Messen zu gehen und Einzelhändlern von den blühenden Geschäften durch Samenbomben vorzuschwärmen. Über Essen ging es nach München, Hamburg, Düsseldorf und Frankfurt. Geschlafen wurde in einem alten Bulli (Januar, unbeheizt, gefühlte -15 °C, brrr) und geduscht wurde im Schwimmbad. Aber es hat sich gelohnt, denn kurze Zeit später konnten die Samenbomben bei Globetrotter, dem ersten Händler, im Ladengeschäft bestaunt werden. Was für ein unglaubliches Gefühl!

In der Zwischenzeit ist auch das Sortiment der Stadtgärtner gewachsen. Zu den Samenbomben gesellten sich Stecklinge, Mini-Gärten, Saatgeschwister, blühende Grußkarten, Streuwiesen und sogar ausgewachsene Pflanzen. So verschieden die Produkte sind, haben sie dabei alle eine Gemeinsamkeit: Sie sorgen für mehr Grün im grauen Alltag.

Auch räumlich haben die Stadtgärtner sich verändert. Aus einem dunklen Kellerraum sind sie auf einen alten Bauernhof umgezogen, wo alle Produkte der Stadtgärtner produziert und verpackt werden. Tatkräftige Unterstützung bekommen sie dabei von der örtlichen Lebenshilfe. Was dann auch schon eine fantastische Überleitung zur Danksagung ist.

DANKE

Auch wenn es manchmal anstrengend ist und unsere Freundschaft zueinander auf die Probe stellt, sind wir sehr dankbar dafür, jeden Tag das tun zu dürfen, was uns Spaß macht, und selbstbestimmt unseren Weg gehen zu können. Das alles ist aber nur möglich dank:

- *dem Rückhalt und dem Verständnis unserer Familien*
- *unseren großartigen Mitarbeitern*
- *den vielen netten Geschäftspartnern, Zulieferern und Kunden*
- *der Lebenshilfe in Nordhorn.*

Außerdem bedanken wir uns bei Holger und David, ohne die dieses Buch nicht denkbar gewesen wäre.

Vielen Dank euch allen!

SCHNITTMUSTERSKIZZE

für die lange Gartenschürze auf S. 71:

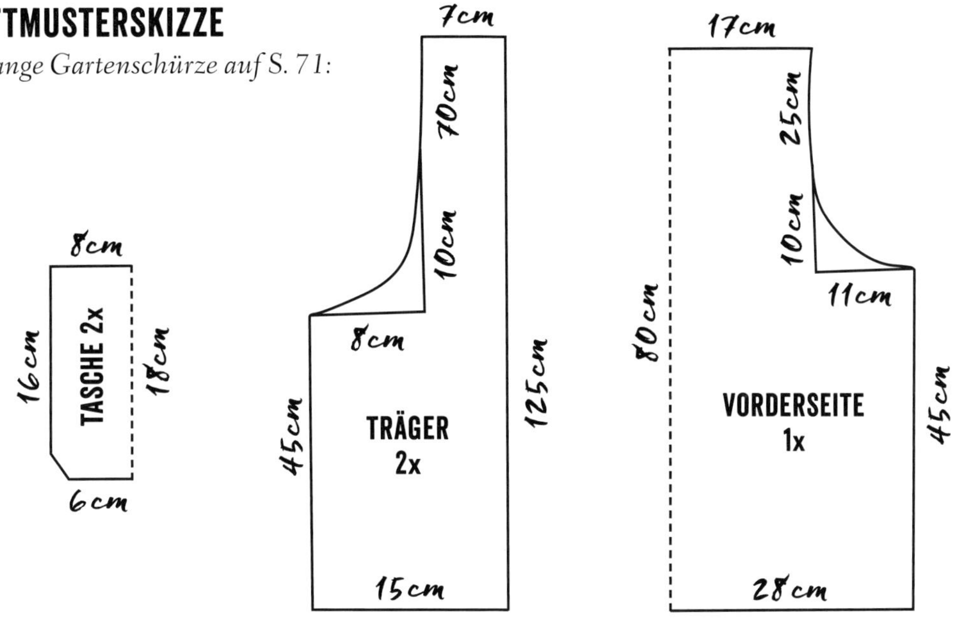

FÜR MEHR GRÜN IM GRAU

SAMENBOMBEN

Werfen, warten, freuen! Mit unseren Samenbomben erschaffst du ganz einfach bunte Inseln in der Stadt und in deinem Garten.

PFLANZEN

Liebevoll aufgezogene und besondere Kräuter. Neben Geschmack und Heilwirkung sind die Kräuter auch eine Augenweide ...

MINIGARTEN

Ab jetzt gibt es keine Ausreden mehr: Ein Pflanzstäbchen, Erde und Saatgut – der Minigarten enthält alle Zutaten, damit du direkt loslegen kannst.

SAATGUT

Mit viel Liebe zum Detail gestaltet, macht unser Saatgut Lust aufs Gärtnern. Die Info auf der Rückseite zeigen dir, wie es geht, und machen die Saatguttütchen zu einem wunderschönen Geschenk.

DIESE UND VIELE WEITERE TOLLE PRODUKTE FINDEST DU UNTER WWW.DIESTADTGAERTNER.DE

STREUWIESEN

Mit diesen Dosen kann man zwar keine Löcher im Magen füllen, aber dafür leere Stellen in deinen Blumenbeeten. Einfach Deckel öffen, streuen und freuen!

GRUSSKARTEN

Unsere Karten sehen nicht nur gut aus, sondern haben eine angeheftete Form aus Saatpapier. Sie sind also Grußkarte und Blumenstrauß zugleich.

GESCHENKANHÄNGER

Auch die Geschenkanhänger sind aus handgeschöpftem Saatpapier gemacht: Das Papier kann einfach auf die Erde gelegt und gegossen werden und wächst dann zu einer schönen, kleinen Blumenwiese heran.

STECKLINGE

Sieht aus wie ein Streichholzheftchen, aber statt Schwefel hat jedes Päppchen eine artenreiche Saatgutmischung auf seiner Spitze und kann einzeln herausgetrennt und eingepflanzt werden.

NOCH MEHR TOLLE BÜCHER

Frisch aus dem Hochbeet –
Das Praxisbuch
Genießer-Beete zum Nachgärtnern.
Mit Schrittfotos und Pflanzplänen
978-3-960**93-267**-3
17,00 € (D) | 17,50 € (A)

Planen, säen, ernten –
Mein Biogemüse-Gartenjahr
Gartenkalender ohne festes Datum –
mit Beetplänen, Pflanzenporträts,
Saisonkalender und nützlichen Anbautipps
978-3-960**93-266**-6
15,00 € (D) | 15,50 € (A)

Mein kreativer Stadtbalkon –
DIY-Projekte und Gärtnerwissen
präsentiert vom Garten Fräulein
Mit Vorlagenplakat für Pflanzstecker
und Samentütchen
978-3-74**59-1372**-9
22,00 € (D) | 22,60 € (A)

IMPRESSUM

Bibliografische Information der Deutschen Bibliothek.

Die Deutsche Bibliothek verzeichnet diese Publikation in der deutschen Nationalbibliografie.

Detaillierte bibliografische Daten sind im Internet über http://www.d-nb.de/ abrufbar.

EIN BUCH DER EDITION MICHAEL FISCHER
1. Auflage 2024

Covergestaltung, Layout und Satz: Verena Raith, Anna Obermüller, Cäcilie Roscher
Fotos: S. 62–65, 78/79, 86–89: Robert Schlossnickel, alle übrigen: David Jankowiak
Produktmanagement und Redaktion: Annika Christof
Lektorat: Saskia Wedhorn, Josefine Blieschies, Celine del Rosario
Texte: Holger Küppers, Tatjana Weber, Lotta Repenning & Torge Kahl

ISBN 978-3-7459-0300-3

Gedruckt bei PNB Print SIA „Jansili“, Silakrogs, Ropazu novads, LV-2133, Lettland

www.emf-verlag.de